한강의 비밀을 찾아 보트 여행을 떠나 볼까?
갑문을 통과하고 한강 다리를 지나
시원한 바람과 물살을 가르며 나아가 보자!

나의 첫 지리책 9

# 한강의
# 비밀을 찾아라!

ⓟ 하천을 둘러싼 생활

최재희 글 | 이수현 그림

휴먼
어린이

지오야, 우선 어떤 배가 있는지 살펴볼까?
어엿한 항해자가 되려면
내가 탈 배에 대해 제대로 알고 있어야겠지?

어서 빨리 출발하고 싶지만,
알겠어요!

기다란 기둥이 있는 배가 보이니? 저건 바람의 힘을 이용하는 요트란다. 기둥은 돛대, 돛대에 매달린 커다란 천을 돛이라고 하지.

이 돛으로 바람을 받아 앞으로 나아가는 배란다. 큰 돛이 멋지지?

그 옆에 있는 배는 기둥이 없는 대신
뒤에 달린 엔진이 눈에 띄지?
마치 자동차처럼 엔진의 힘으로 달리는 모터보트란다.

와, 저는 돛을 편 요트가 멋져 보여요.
우리도 요트로 바람을 타고 멋지게 항해할 수 있나요?

지오야, 실은 우리는 지금 돛을 단 요트를 타긴 어렵단다.
오늘은 모터로 움직이는 배를 탈 거란다.
너를 실망시킨 것 같아 미안하구나.

앗, 그런가요?
돛을 펴고 멋지게 항해하고 싶었는데…….
조금은 아쉽지만 괜찮아요, 아빠.

그래, 고맙구나.
한강에서 항해할 때는 돛이 매우 불편하단다.
가장 큰 걸림돌은 촘촘하게 놓인 다리인데,
돛대와 다리 높이가 엇비슷해서 통과할 때마다
부딪칠까 봐 걱정스럽거든.
그래도 충분히 멋진 경험일 테니 기대해도 좋아!

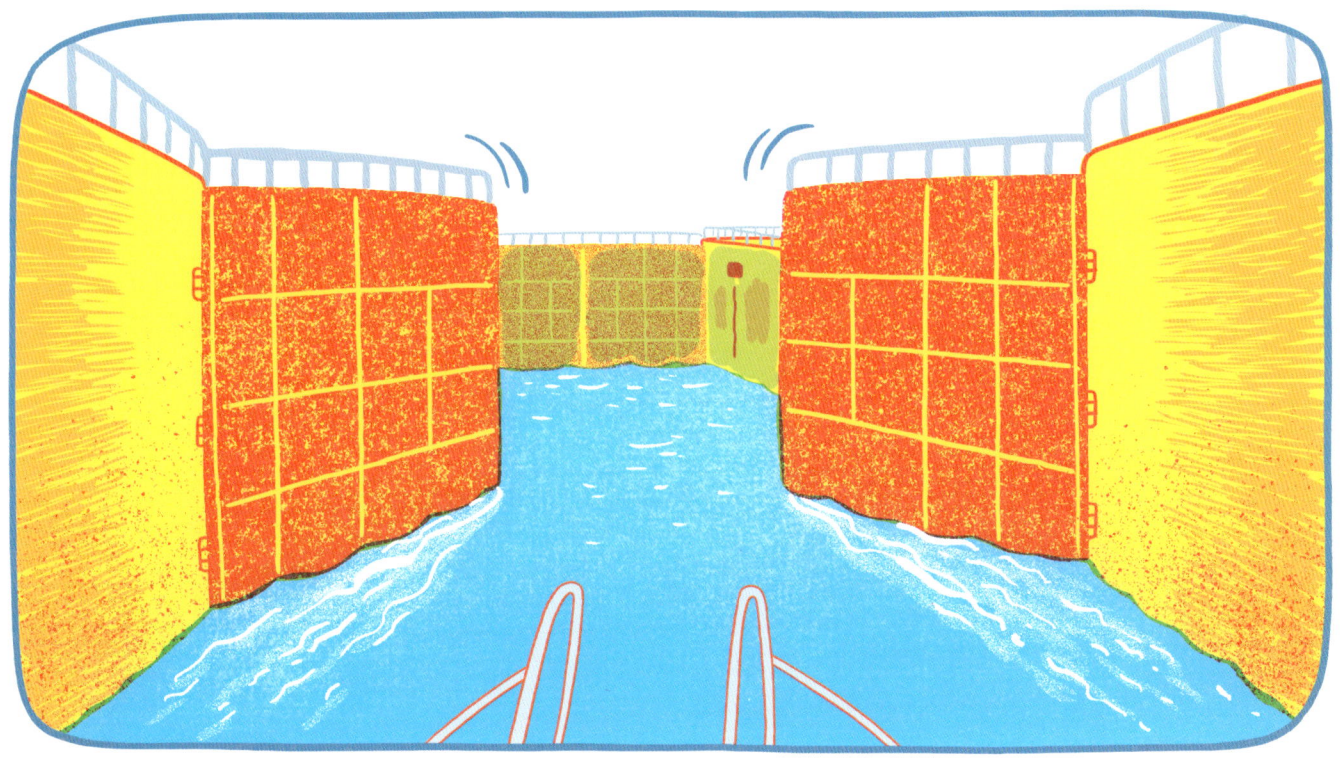

바로 한강 하구의 특징 때문이지.
'하구'라는 말이 좀 어렵지?
**하구**는 하천의 입구라는 뜻이야.
한강의 입구는 바다인 황해와 만나는 곳이란다.
우리가 있는 아라뱃길과 경기도 김포는
한강의 하구와 아주 가깝단다.

파주시

김포시

고양시

한강

인천광역시

와작와작

황해는 어떤 바다이니?
하루에 두 번씩 물이 차올랐다가 빠지는
**밀물과 썰물**이 활발한 바다야.
지난여름에 다녀왔던 갯벌 체험 기억하지?
**갯벌**은 바로 밀물 때 물에 잠겼다가
썰물 때 드러나는 공간이란다.
그래서 다양한 갯벌 생물을 만날 수 있지.

물이 빠져서 못 들어가겠네.

그런 밀물과 썰물로 인해 이곳 한강 하구가 매일 요동친다면 배들이 드나들기 힘들겠지?

통과!

그래서 여기에 갑문을 세워 놓은 거란다.

아하, 갑문이 왜 필요한지 알겠어요. 그런데 왜 30분이나 기다려야 하는지는 아직도 잘 모르겠어요.

그건 밀물과 썰물로 인해 바닷물의 높이가 계속 변하기 때문에,
갑문에서 물 높이를 맞출 때까지 기다렸다가
안전하게 한강으로 나가야 하는 거란다.
저기 갑문 벽을 보렴!
조금씩 갑문 안의 물 높이가 높아지는 게 보이지?

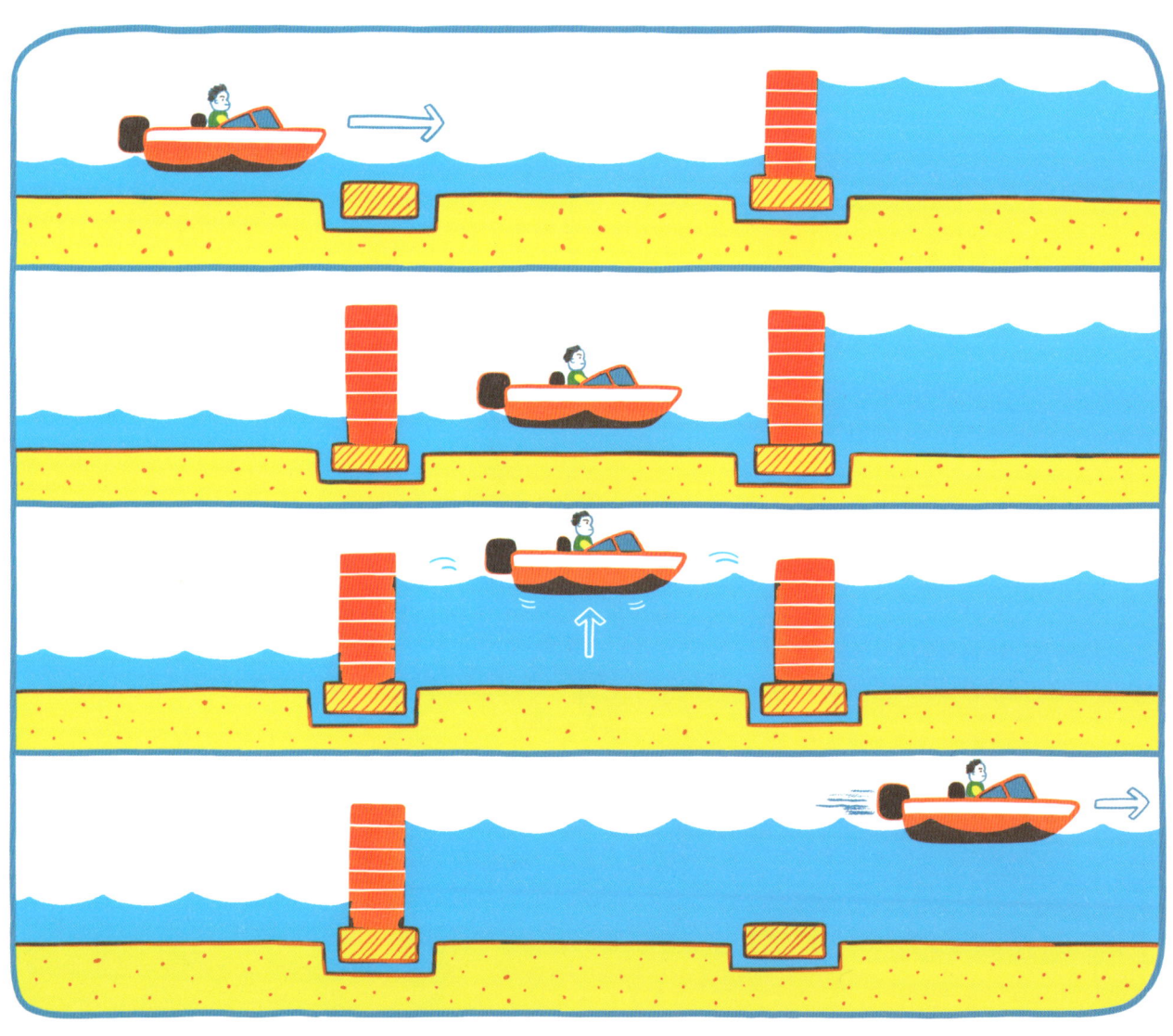

한강은 정말 넓고 크네요.
호수처럼 잔잔하기도 하고요!

한강이 생각보다 넓어서 놀랐지?
지금부터 아빠가 서울의 보물인
한강의 비밀을 몇 가지 알려 줄게.

한강의 첫 번째 비밀은 **수중보**야. 수중보는 물 밑에 있는 보를 뜻해.
강 밑에 큰 둑을 쌓아서 물이 천천히 흐르도록 만든 시설물을
수중보라고 한단다.

저기 보이는 김포 대교 앞에
수중보가 설치되어 있단다.
저곳에 수중보를 놓은 까닭은
밀물일 때 황해의 바닷물이
한강으로 들어오지 않게 막고,
썰물일 때는 한강의 물이
황해로 빠르게 빠져나가는 것을
늦추기 위해서야.

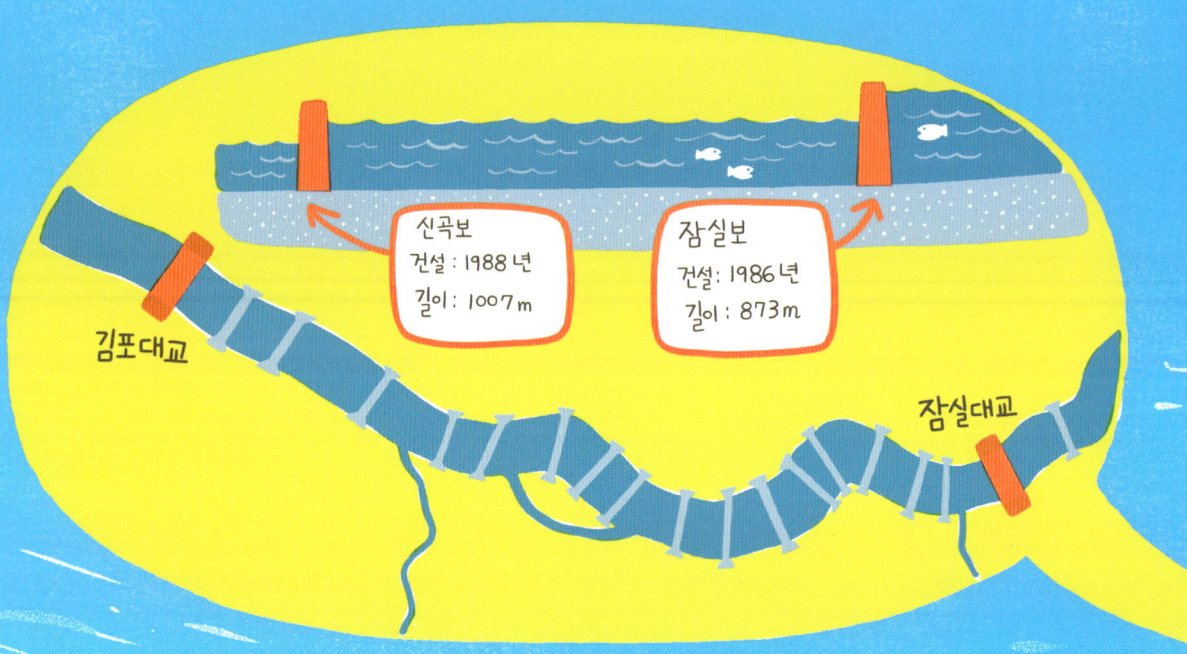

신곡보
건설 : 1988년
길이 : 1007m

잠실보
건설 : 1986년
길이 : 873m

김포대교

잠실대교

한강에는 두 개의 수중보가 있단다.
나머지 하나는 잠실 대교 앞에 있지.
우리가 있는 김포 대교부터
네가 좋아하는 롯데월드 근처의 잠실 대교까지
두 수중보 덕분에 한강은 마치 호수처럼
안정적인 높이를 유지한단다.

노을 공원

지오야! 저기 높고 평평한 언덕이 보이지?
혹시 어디인지 기억나니?

음, 잘 모르겠는데 공원같이 보여요.

하하. 저곳이 얼마 전에 우리 가족이
캠핑하러 갔던 '노을 공원'이야.
노을 공원은 '난지도'에 있단다.

원래 난지도는 깨끗한 모래섬이었어.
하지만 서울의 쓰레기를 모으는
매립장으로 쓰이면서
높다란 쓰레기 섬이 되어 버렸지.
이제는 매립장을 없애고
자연환경을 되살려
'난지도 한강 공원'이 되었단다.

60년 전만 해도 한강 주변에는
모래사장이 펼쳐져 있었단다.
그렇게 많았던 모래들은
서울에 사는 사람이 많아지면서
일부는 아파트를 짓는 데 쓰고,
또 일부는 옆에 보이는 둑을 쌓는 데 썼지.

옆을 보면 한강 주변을
빠르게 오가는 자동차가 보이지?
한강의 양옆으로 길게 쌓은 둑 위에
자동차 도로를 만든 거야.
저기 망원 한강 공원 뒤로
꽤 높은 둑이 보이지?

네! 아빠 말씀을 듣고 보니
정말 높은 둑처럼 생겼네요.

그렇다면 어째서 한강 양옆으로
이렇게 높은 둑을 쌓아야 했을까?
정답은 아주 간단하단다.
물이 넘치지 않게 하려고 둑을 쌓은 거야.

물이 저렇게 높은 둑을 넘는다고요?
도저히 불가능해 보이는데요.

그래, 지금은 그렇게 보일 거야.
이렇게 잔잔한 한강 물이 저 둑을 넘는다는 게
말도 안 되는 이야기처럼 들리지?

하지만 지오야,
올여름 뉴스를 떠올려 보렴.
둑이 무너져서 사람이 죽고,
많은 농경지가 물에 잠겼다는
슬픈 뉴스가 들려왔지?
한강에도 이런 일이 일어날 수 있단다.

우리나라는 계절에 따라
비가 오는 양이
아주 크게 차이가 난단다.
여름에는 비가 정말 많이 오지만,
겨울에는 거의 오지 않지.

일단 비가 내리면
빗물은 빠르게 강으로 흘러들어.
왜냐하면 강은 주변에서 가장 낮은 곳이거든.
물은 높은 곳에서 낮은 곳으로 자연스럽게
흘러가니까 말이야.

그러면 어떻게 될까?
겨울에는 한강 물이 잠잠하고 안정적이지만,
여름이 되어 비가 많이 오면
물의 높이가 급격하게 올라가게 돼.
저 둑의 꼭대기를 위협할 정도로 말이야.

너무 걱정하지 않아도 돼.
그만큼 많은 사람들이 오랜 세월 동안
한강의 물을 잘 관리하기 위해 노력해 왔으니까 말이야.
덕분에 우리가 이렇게 모터보트도 탈 수 있지!

아빠, 저기 예전에 우리가 탔던 오리배가 보여요!
우리가 오리배를 재미있게 탈 수 있는 것도
한강을 잘 관리해 온 덕분이겠죠?

그렇지! 이제 한강에 숨겨진
대단한 비밀을 알겠지?

자, 이제 목적지인 여의도에 다 왔구나.
여의도의 랜드마크인 63빌딩이 보이네.
높은 빌딩이 빼곡한 여의도 풍경도 멋지지?
어때, 이번 여행도 재미있었니?

네, 아빠! 한강에 이렇게 많은 비밀이
숨어 있는 줄 몰랐어요.

한강의 모습이 어떻게 변화해 왔는지,
한강의 물 높이는 어떻게 일정할 수 있는지,
보트 여행을 통해 쉽게 이해할 수 있었어요.
정말 재미있는 여행이었어요!

그렇단다.
자연이 선물한 한강이라는 밑그림 위에
우리가 그려 낸 다양한 생활 모습을 알아보는 재미!
다음 여행이 벌써 기대되는구나.

나의 첫 지리 여행

# 다채로운 우리 하천 여행

낙동강 하굿둑

낙동강은 경상도에서 가장 긴 강입니다.

낙동강과 바다가 만나는 곳에는 바닷물이 흘러드는 것을 막는

둑이 있습니다. 이 낙동강 하굿둑은 부산에 있지요.

부산의 을숙도는 하굿둑을 잇는 중간의 모래섬입니다.

을숙도에서는 바닷물이 들어오지 못하는 낙동강 구간의 물을 이용해

새로운 도시도 만들고 농사도 짓습니다.

**낙동강 하굿둑**

**을숙도**

## 춘천 소양강댐

강원도 춘천시의 별명은 '호반의 도시'입니다.
여기서 호반은 한자어로 '호수의 주변'이라는 뜻입니다.
춘천은 별명처럼 주변에 큰 호수가 여럿인데,
그중에서 가장 유명한 호수는 소양호입니다.
소양강의 물길을 높은 댐으로 막아 만들어진 호수지요.
소양강댐에서 물을 알맞게 조절하여 흘려보낸 덕분에
수도권 주민들은 안정적으로 물을 공급받을 수 있답니다.

소양강댐과 소양호

## 서울 잠실 수중보

서울의 잠실 수중보는 보일 듯 말 듯 생겼습니다.
수중보라는 이름 그대로 물 밑에 지어 놓았기 때문이지요.
보를 만든 까닭은 바다를 향해 빨리 나아가려는 물을
한 번 더 강에 머물다 가도록 만들기 위함입니다.
한강에는 잠실 대교와 김포 대교에 수중보가 있습니다.
두 수중보 사이의 구간에서는 물의 양이 일정하게 유지되어
유람선, 수상 택시 등이 자유롭게 오갈 수 있답니다.

잠실 수중보

# 왜 동해안에는 큰 강이 없을까?

우리나라에는 '4대강'이라 불리는 강이 있습니다.
한강, 금강, 영산강, 낙동강이 바로 4대강입니다.
4대강을 선정한 기준은 강의 길이나 물의 양이 아니라
그 강을 끼고 발달한 도시에 얼마나 많은 사람이 사는가입니다.
한강은 서울특별시를 포함한 수도권의 대도시,
금강은 대전광역시를 중심으로 한 충청도의 주요 도시,
영산강은 광주광역시를 중심으로 한 전라남도의 주요 도시,
낙동강은 부산광역시와 대구광역시를 중심으로 한 경상도의 주요 도시를
각각 굽이쳐 흐르면서 물을 공급하고 있습니다.
그런데 어째서 동해안에는 큰 강이 없는 걸까요?

**금강**

**영산강**

그건 우리나라의 산줄기를 보면 알 수 있습니다.
강은 물줄기가 길수록 곳곳에서 많은 물을 끌어와 큰 강이 될 수 있지요.
동해안에는 태백산맥이라는 높고 험준한 산맥이 바로 옆에 있어서,
짧고 경사가 급한 강이 만들어질 수밖에 없습니다.
태백산맥을 기준으로 황해나 남해로 흐르면 긴 강이 되지만,
동해로 흐르면 짧은 강이 되는 마술은
우리나라의 지리적 조건과 밀접한 관련이 있답니다.

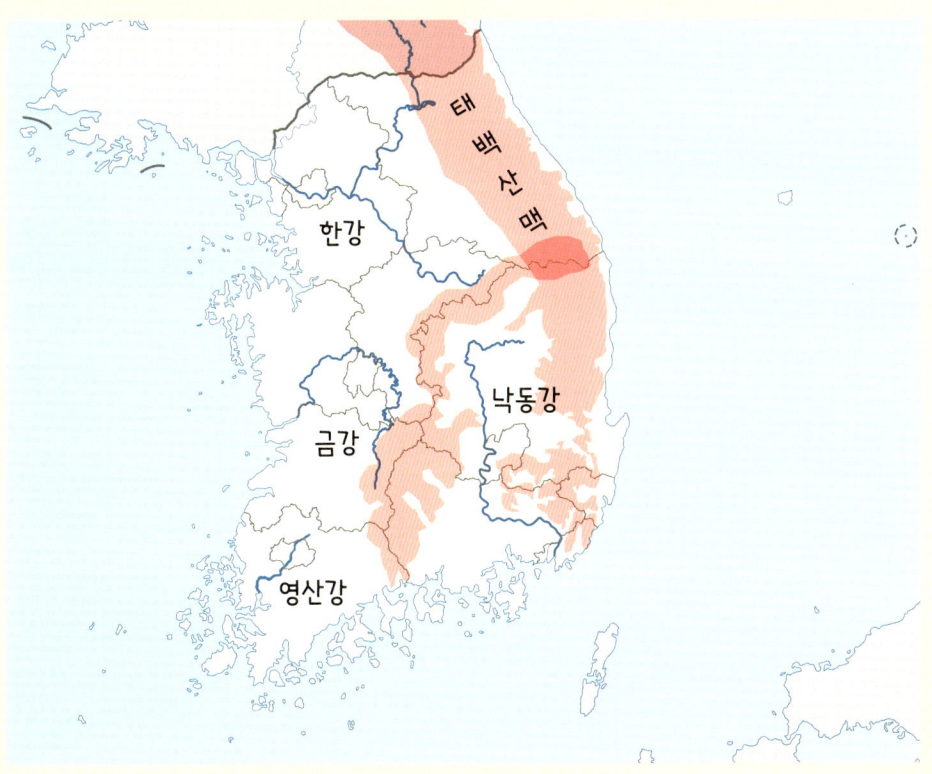

## 글 최재희

서울 휘문고등학교 지리 교사입니다. 좋은 글을 쓰는 데 관심이 많습니다. 지은 책으로 《스포츠로 만나는 지리》, 《복잡한 세계를 읽는 지리 사고력 수업》, 《바다거북은 어디로 가야 할까?》, 《이야기 한국지리》, 《이야기 세계지리》, 《스타벅스 지리 여행》 등이 있습니다.

## 그림 이수현

대학에서 애니메이션을 전공했고, 그림책 작가와 일러스트레이터로 활동 중입니다. 따뜻하고 유쾌한 그림으로 어린이들의 상상력을 자극하는 것을 좋아합니다. 쓰고 그린 책으로 《우주 택배》, 《해파리 버스》가 있으며, 그린 책으로 《원자와 분자 –쪼개고 또 쪼개면》, 《수상한 알약 티롤》, 《수박 행성》, 《판타스틱 반찬 특공대》 등이 있습니다.

---

**나의 첫 지리책 9 — 한강의 비밀을 찾아라!**

1판 1쇄 발행일 2025년 4월 28일

**글** 최재희 | **그림** 이수현 | **발행인** 김학원 | **편집** 이주은 | **디자인** 기하늘

**저자·독자 서비스** humanist@humanistbooks.com | **용지** 화인페이퍼 | **인쇄** 삼조인쇄 | **제본** 제이엠플러스

**발행처** 휴먼어린이 | **출판등록** 제313-2006-000161호(2006년 7월 31일) | **주소** (03991) 서울시 마포구 동교로23길 76(연남동)

**전화** 02-335-4422 | **팩스** 02-334-3427 | **홈페이지** www.humanistbooks.com

**사진 출처** 낙동강 하굿둑, 을숙도 ⓒ 부산광역시 / 공공누리 제1유형

소양호 ⓒ 쿠키몬스터 / Wikimedia Commons / CC BY-SA 4.0

영산강 ⓒ 한국학중앙연구원 / 공공누리 제1유형

4대강 지도 ⓒ NordNordWest / Wikimedia Commons / CC BY-SA 3.0

글 ⓒ 최재희, 2025    그림 ⓒ 이수현, 2025

ISBN 978-89-6591-630-7 74980

ISBN 978-89-6591-592-8 74980(세트)

- 이 책은 저작권법에 따라 보호받는 저작물이므로 무단 전재와 무단 복제를 금합니다.
- 이 책의 전부 또는 일부를 이용하려면 반드시 저작권자와 휴먼어린이 출판사의 동의를 받아야 합니다.
- **사용연령 6세 이상** 종이에 베이거나 긁히지 않도록 조심하세요. 책 모서리가 날카로우니 던지거나 떨어뜨리지 마세요.